# PROCÈS-VERBAL

## DU

# SERVICE SOLENNEL

### CÉLÉBRÉ

# A NOTRE-DAME,

## EN MÉMOIRE DES BRAVES

### MORTS A LA BATAILLE D'AUSTERLITZ

### ET

# DISCOURS

## PRONONCÉ A CETTE OCCASION.

## A PARIS,

Chez Ad. Le Clere, imprimeur de S. E. Mgr. le Cardinal-Archevêque de Paris, quai des Augustins, nº. 35.

## 1806.

# PROCÈS-VERBAL

*Du Service solennel célébré à Notre-Dame
en mémoire des Braves morts à la bataille
d'Austerlitz, et Discours prononcé à cette
occasion.*

LE vendredi 7 mars, un service solennel a été
célébré à Notre-Dame, en mémoire des braves
morts à Austerlitz, conformément aux inten-
tions de S. M. l'Empereur et Roi. Le chœur et
la nef de l'église étoient entièrement tendus en
noir. Derrière le catafalque, qui étoit élevé au
milieu du chœur, se trouvoient grand nombre
de militaires de tous grades. Divers corps de
troupes sous les armes remplissoient la nef, et
le peuple, en grande affluence, les tribunes.

S. Exc. Mgr. le grand-chancelier de la légion
d'honneur, titulaire de la sénatorerie de Paris,
plusieurs maréchaux de l'Empire et officiers-
généraux, M. le conseiller d'État préfet de la
Seine et les autorités civiles, S. Em. Mgr. le
cardinal-légat, les évêques qui sont à Paris, le
clergé de la cour et celui de Paris, ont assisté
à cette touchante cérémonie.

Après l'Evangile, M. Jalabert, vicaire-gé-
néral de Paris, a prononcé le discours suivant :

« *Venit cum suis Judas ut corpora prostratorum tol-
» leret ;.... et misit Jerosolymam offerri pro peccatis
» mortuorum sacrificium, bene et religiosè de resurrec-
» tione cogitans* ».

...« Judas Machabée vint avec les siens sur le champ de

A 2

» bataille , pour emporter les corps de ceux qui avoient été
» tués :.... et parce qu'il avoit de bons et religieux sen-
» timens touchant la résurrection , il envoya de riches
» oblations à Jérusalem , afin qu'on offrît le sacrifice pour
» l'expiation de leurs péchés ». *Liv. II , Mach., ch. XII.*

## MESSEIGNEURS ET MESSIEURS,

Cet illustre chef de l'armée israélite , ce guer-
rier , l'émule de Josué , de David , miraculeuse-
ment armé de la puissance divine , le sauveur de
sa nation , pouvoit-il attendre plus d'admiration
et plus de gloire ?

Judas Machabée étoit un père tendre pour
ses soldats. Après une grande bataille , il sus-
pendit les jouissances de la victoire pour s'aban-
donner avant tout aux mouvemens de son cœur
envers les héros qui avoient péri dans les champs
de l'honneur. Il ranima , il ressuscita leurs af-
fections par les siennes pour eux. Il interrogea ,
il pressentit leurs dernières volontés ; et se faisant de son titre de vainqueur , un devoir sacré
d'être leur exécuteur testamentaire , non-seulement il s'occupa de leur sépulture et du sort de
leurs familles , mais encore du repos de leur ame:
*Misit offerri pro peccatis mortuorum sacrifi-*
*cium.*

Par cette conduite magnanime , religieuse et
paternelle , il affermit dans son armée , la plus
puissante barrière contre la licence des camps ,
le gage le plus inviolable de la fidélité et de la
subordination militaire : la pensée des jugemens
de Dieu. Il donna à ses soldats , une éclatante
preuve que son amour pour eux les suivroit au-

delà du trépas. Il entra en même temps dans la plus tendre affection des familles, en montrant aux pères, aux veuves, aux enfans, un grand intérêt pour la mémoire des défunts ; et par tous ces beaux traits de sagesse et de bonté, il ajouta à l'éclat de sa victoire sur les ennemis de sa nation, une conquête de sentiment dans sa nation même, qui, entraînant vers lui toutes les ames, élevant toutes les pensées, remplissant toutes les bouches des plus énergiques expressions de l'admiration et du dévouement, lui donna sur ses troupes et sur le peuple, le double et invincible empire de la puissance et de l'amour. *Venit cum suis Judas, ut corpora prostratorum tolleret ;... et misit Jerosolymam offerri pro peccatis mortuorum sacrificium, bene et religiosè de resurrectione cogitans.*

Illustres guerriers d'Austerlitz, compagnons d'armes et de gloire de l'Empereur ; qui avez tout vu, tout entendu ; qui surtout, par l'habitude des liens que la victoire a formé entre lui et vous, êtes faits à lire dans son ame ; en quoi son amour pour ses soldats vous paroît-il inférieur à celui de Judas Machabée pour les siens ?

La veille de la grande journée, lorsque son ame étoit partagée entre le pressentiment de la bataille du lendemain et la vive émotion de la fête de famille par laquelle l'armée célébroit l'anniversaire de son couronnement, ce fut avec vous qu'il s'abandonna au glorieux besoin de s'épancher, et il vous dit : « Voilà la plus belle » soirée de ma vie. Mais je regrette de penser » que je perdrai bon nombre de ces braves gens.

» Je sens, au mal que cela me fait, qu'ils sont
» véritablement mes enfans; et en vérité, je me
» reproche quelquefois ce sentiment; car je crains
» qu'il ne finisse par me rendre inhabile à la
» guerre (1) ».

Vous étiez dans ce moment-là, Messieurs, le
plus pénible objet de la triste pensée de l'Empereur; car vous deviez, le lendemain, conduire
les aigles françoises au milieu des dangers, et il
ne savoit pas si à cette même heure vous ne seriez pas, comme à Marengo son ami de cœur
le général Desaix, du nombre des *braves* dont il
regrettoit d'avance la perte.

Généraux françois, aigles vivans, cette possibilité, cette incertitude étoient-elles bien l'objet d'un *reproche* que l'Empereur dût se faire,
d'une *crainte* qu'il dût avoir *de se rendre inhabile à la guerre?* N'étoit-elle pas plutôt le
noble et bel ensemble d'une grande ame dans qui
Dieu, l'auteur de son étonnante destinée, a placé
à la fois tous les beaux sentimens et les a tous
conciliés?

Le même Dieu, Messieurs, pour qui ce que
nous appelons les hasards des combats, ne sont
point des hasards, mais l'objet d'une providence
militaire qui dirige et le combat et la victoire,
qui compte, qui désigne jusqu'à un les guerriers
qui périssent dans les batailles, le même Dieu
vous a servi de bouclier. Vous lui devez, nous
lui devons la conservation de vos têtes glorieuses. Puisse le bienfait d'une paix générale,

______

(1) Trentième Bulletin de la grande armée.

que nous lui demandons avec instance, les mettre long-temps à couvert ! Mais puisque les champs d'Austerlitz devoient cependant être arrosés du sang des François, l'Empereur leur avoit voué, dès avant la bataille, tous les tendres sentimens de Judas Machabée ; et la cérémonie funèbre qui nous occupe, et dont il a conçu l'idée à Austerlitz même, lui a été dictée par les mêmes vues religieuses, par le même amour paternel pour ses soldats, pour leurs familles et pour toute la nation. *Venit cum suis ut corpora prostratorum tolleret ; et misit offerri pro peccatis mortuorum sacrificium, bene et religiosè de resurrectione cogitans.* Non, Messieurs, l'armée françoise, le peuple françois n'ont pas été surpassés par l'armée et le peuple d'Israël, en admiration, en sentimens pour leur chef.

Oublions, Messieurs, quelques instans, les triomphes de la plus belle journée et l'Empereur lui-même. C'est lui qui appelle en ce moment nos pensées, notre reconnoissance, et les bienfaits de la religion sur les morts d'Austerlitz. « Notre » intention, écrivoit-il au vénérable pontife de » cette première église de France, notre inten- » tion est que tous les ans un office solennel soit » chanté dans votre Métropole, en mémoire des » braves morts dans la grande journée d'Auster- » litz (1) ».

*Vovete, et reddite Domino Deo vestro, om-*

---

(1) Lettre de S. M. l'Empereur à S. E. Mgr. le Cardinal Archevêque de Paris.

*nes qui in circuitu ejus affertis munera* (1). Cette fondation, ce vœu fait à Dieu par le père de la patrie pour ses défenseurs, est un vœu de famille, un vœu national : le devoir, l'honneur de l'accomplir nous sont communs.

*Quomodo ceciderunt fortes in prælio* (2)? *Comment nos vaillans guerriers sont-ils tombés dans le combat?* C'étoit le deuil de David après une action où son cher Jonathas avoit été tué. C'est aujourd'hui le deuil de l'Empereur, le deuil unanime de la nation. Les vaillans qui sont tombés n'étoient pas des guerriers ordinaires, c'étoient des militaires françois, « plus » prompts que des aigles, *aquilis velociores :* » plus courageux que des lions, *leonibus for-* » *tiores* (3) ». C'étoient des frères de victoire de l'Empereur. Plusieurs d'entr'eux avoient connu l'Egypte ; ils avoient vu le Saint-Bernard; ils s'étoient battus à Marengo. La plupart étoient du nombre de ceux qui, de la côte de France portant leurs regards au-delà de la Manche, avoient souvent jeté sur la côte opposée la menace et l'effroi. Ils ont vaincu à Austerlitz; car lorsque l'armée est victorieuse, les morts aussi sont vainqueurs. Ils ont plus qu'une part de la victoire.

*Ceciderunt fortes.....* Ils sont morts ces vaillans soldats..... O Dieu! la victoire auroit pu être bien plus ensanglantée. Une bataille à deux cents lieues de nos frontières, à cinquante

---

(1) Psal. LXXV.
(2) Lib. II Reg. cap. I.
(3) *Ibid.*

lieues au-delà de la capitale de l'ennemi ; à la merci de son arsenal conquis, mais contre lequel l'Empereur n'a voulu d'autre garantie qu'une parole d'honneur ; au centre d'un horizon immense dont le cercle étoit fermé par une coalition qui comptoit sur l'accablante énormité de sa propre masse : ô Dieu ! dans cette position, une bataille contre deux empereurs en personne, si elle avoit été commandée par un autre que par *l'homme de votre droite* (1), auroit coûté bien plus cher. Dieu des armées, nous vous bénissons des bornes que vous avez mises à l'effusion du sang françois. Mais en adorant l'étendue de vos desseins, j'oserai vous dire, au souvenir du général Morland, que cette campagne, qui ne pouvoit pas être plus glorieuse pour l'armée françoise, auroit été beaucoup plus heureuse, si vous aviez encore épargné ce héros.

Garde impériale, premier corps militaire du monde, vous êtes fait pour avoir une histoire à vous et des annales de corps. Dans ces annales seront immortalisés votre dévouement pour la personne sacrée de l'Empereur, vos prodiges à Marengo, votre éclatante supériorité à Austerlitz sur les gardes impériales étrangères. Le nom de Morland inscrit sur la liste de vos hommes célèbres passera à la postérité, qui jugera son caractère et votre esprit de corps, par le grand témoignage d'estime et d'attachement que vous lui avez donné, en ne voulant pas laisser sa dépouille mortelle dans une terre non fran-

_____

(1) Psal. LXXIX.

A 5

çoise. L'histoire de France nommera Morland parmi les officiers les plus dignes de vous commander, et elle vous classera parmi les corps militaires les plus distingués, non-seulement par l'honneur et la bravoure, mais encore par l'élévation et la beauté du sentiment.

*Ceciderunt fortes*; ils sont morts, ces généreux défenseurs de la patrie. Prince, vous seul appréciez pleinement l'immense service qu'ils lui ont rendu, et tout ce qu'elle leur doit; parce que vous êtes le seul dont le regard plane sur tous les intérêts qui se lioient au succès de la bataille.

Tranquilles habitans des cités, n'est-ce pas pour nous un devoir de chercher à les apprécier aussi? Sortons de nos paisibles domiciles; allons dans les camps échanger notre position contre celle du soldat; passons par toutes les épreuves, toutes les marches forcées, toutes les privations, par tous les genres de services et de périls militaires... Reculons-nous à cette image?.. Qu'elle nous apprenne donc à bien sentir à quel haut prix le soldat achète notre paix publique, notre prospérité nationale, la sûreté de nos foyers, nos jouissances publiques et privées. Hélas! les héros dont la mémoire nous occupe, ne les ont-ils pas payées de leur vie! *Ceciderunt fortes.*

Où sont les bienfaiteurs dont l'utilité surpasse celle des guerriers? Où sont les bienfaits publics et privés qui commandent plus de reconnoissance?

*Ceciderunt fortes*; ils sont morts, ces soldats citoyens. Ils étoient époux; ils étoient pères de famille; ils étoient la consolation et l'appui de la vieillesse de leurs auteurs.

Une circonstance aussi grave n'avoit pas échappé, Messieurs, à une ame aussi belle que l'étoit celle de Judas Machabée. Par son ordre, l'armée israélite victorieuse faisoit toujours part aux blessés, aux malades, aux veuves, aux orphelins, aux vieillards, des dépouilles de l'ennemi; *prœdas diviserunt, œquam partem debilibus, viduis, orphanis, sed et senioribus, facientes* (1).

Si l'Empereur Napoléon pouvoit être surpassé, certes ce ne seroit pas au moins en générosité. Glorieuses cendres de nos héros, ne perdez pas votre repos par sollicitude sur le sort de vos familles. Ces paroles par lesquelles le Psalmiste bénissoit la Providence : *Tibi derelictus est pauper, orphano tu eris adjutor* (2); *c'est à vous que le soin du pauvre a été laissé; vous serez le protecteur de l'orphelin;* je ne crains pas, Messieurs, de les adresser à l'Empereur que l'invisible Providence a désigné pour providence visible à toute la nation, principalement aux familles que le sort des combats a remplies de deuil et de besoins.

Eh pourquoi les lui adresserai-je? Guerriers qui m'écoutez, vous étiez encore dans les plaines d'Austerlitz; à peine aviez-vous donné la sépulture à vos frères, et déjà le Monarque vainqueur avoit, par des décrets impériaux, donné le trésor de l'État pour patrimoine

---

(1) Lib. II Mach. cap. VIII.
(2) Psal. IX, ⊽. 14.

aux parens des défunts ; il leur avoit assigné ses palais pour maison paternelle. L'Empereur est un père pour son armée : son cœur n'a pas besoin qu'on l'avertisse.

*Ceciderunt fortes...* Ils sont morts ces héros ; mais l'Empereur, mais le peuple françois qui survivent, n'ont rien de commun avec les athées et les incrédules qui, après le trépas, n'attendent que le néant ; *non sumus sicut cœteri qui spem non habent* (1).

Comme l'ancien Judas Machabée, et avec l'Eglise catholique, le Monarque, l'armée, la nation font profession de croire qu'en mourant sur le champ de bataille, les soldats qui sont hommes de bien, passent à une vie meilleure ; *Fidelibus tuis, Domine, vita mutatur non tollitur* ; qu'ils attendent une résurrection glorieuse ; et que la félicité éternelle sera hâtée pour eux par les prières et le sacrifice de la religion.

Temple de sainte Geneviève, temple de S. Denis que l'Empereur a rendus au culte de nos pères, votre destination sera de perpétuer religieusement la mémoire des morts, et de proclamer deux vérités bien importantes à la morale des peuples, au repos des Empires : le dogme d'une vie future et le devoir toujours sacré pour une nation de respecter inviolablement, même après le trépas, les dépositaires de l'autorité suprême ; *misit offerri sacrificium, bene et religiosè de resurrectione cogitans.*

Religion sainte, au milieu même de votre affliction et de cette cérémonie de douleur, pa-

_______________

(1) I. Thess. cap. XII.

rez-vous de l'éclat et de la majesté de votre
gloire éternelle qui vous vient de Dieu, et re-
cueillez en faveur de vos fidèles vivans, le triom-
phe dont votre deuil même pour vos enfans
morts devient une brillante occasion ; *exue te,
Jerusalem, stolâ luctûs et vexationis tuæ,
et indue te decore et honore, quæ à Deo tibi
est sempiternæ gloriæ* (1). Le premier Monarque du monde devant qui le Dieu *qui donne les
Empires*, a humilié plusieurs têtes couronnées,
par qui il a créé de nouveaux États et de nouveaux diadêmes, se courbe solennellement devant vous à toutes les grandes époques de sa
destinée, pour attester qu'il sent, qu'il avoue
que c'est Dieu qui le conduit; et quoiqu'il soit
couvert de toute la gloire de la terre, en montrant une tendre sollicitude pour assurer à ses
soldats la prompte jouissance de la gloire im-
mortelle, il annonce, il publie qu'il la désire,
qu'il l'attend lui-même.

Église gallicane, telle est votre glorieuse part
des victoires du Monarque qui règne sur la
France. Le plus grand trait de bonheur pour
vous, pour vos ministres, pour vos fidèles, est
que l'on puisse dire au commencement d'une dynastie dont le chef sera le modèle de toute sa
succession, ce que disoit Bossuet vers le der-
nier âge de la dynastie précédente : « Depuis
» plus de quatorze cents ans, la France n'a ja-
» mais eu de monarque qui n'ait été enfant de
» l'Église catholique. Le trône françois est sans
» tache et toujours uni au saint Siége. Il sem-

_______________

(1) Baruch, cap. V.

» ble à cet égard avoir participé à la fermeté
» de la pierre (1) ».

Cette remarque que Bossuet se complaisoit à faire sous le règne de Louis XIV, lorsque l'Eglise gallicane et la monarchie françoise intactes et florissantes, sembloient se promettre réciproquement une éternelle inviolabilité, est bien plus frappante et plus précieuse, Messieurs, à une époque où, après avoir été si violemment attaquées l'une et l'autre par l'anarchie, elles s'élèvent ensemble du milieu des ruines comme deux compagnes que Dieu a inséparablement unies, comme deux colonnes que dans ses décrets immuables auxquels tout remonte, il a rendues nécessaires à la prospérité et au repos de la France.

Aux yeux de quiconque sait étudier les grands mouvemens du genre humain, et les étudie dans leur source qui est toujours Dieu, cette union, cette inséparabilité du trône et de l'autel dans notre siècle, à cette époque, sont, et un monument visible de la Providence qui, indépendante des hommes et des événemens, les amène tous à ses fins, et une consolante prophétie qui annonce que Dieu donnera toujours au peuple françois un grand dévouement pour ses monarques, et qu'il inspirera réciproquement aux monarques la ferme volonté de protéger la Religion et de la faire prospérer; *exue te, Jerusalem, stolâ luctûs et vexationis tuæ, et indue te decore et honore, quæ à Deo tibi est sempiternæ gloriæ.*

-----

(1) Discours sur l'unité de l'Eglise.

Religion reconnoissante, ce fut vous la première qui décernâtes le surnom de grand à une tête couronnée. Vous le donnâtes à Constantin. Ce titre alors unique a cessé de l'être. Ne réclamerez-vous pas le droit d'en décerner un autre qui le soit, à cet homme extraordinaire, nouveau pour l'univers, dont Dieu a fait toute la destinée, qu'il a créé non pour faire nombre dans le genre humain, mais pour être placé au milieu des circonstances les plus étonnantes; par qui il a commandé aux dissentions politiques et religieuses, presque comme la puissance divine commande aux vents et aux tempêtes.; et qui, par une supériorité de talens de tous les genres, par une chaîne d'événemens, de batailles, de triomphes, d'entreprises, de succès, d'actions de grandeur, de sagesse, de génie, de politique, rapidement et victorieusement enlacés, est devenu, mais toujours sous votre main, le plus grand homme de l'histoire. *Manus tua Deus super virum dexteræ tuæ, ... quem confirmasti tibi* (1).

Et vous martyrs de la patrie, comme vous l'armée entière étoit dévouée à vaincre ou à mourir. Le Dieu des combats a accepté votre sang; il a épargné celui de vos frères : la victoire est à tous. Mais vous avez été victimes. *Ceciderunt fortes.* Fussiez-vous en héroïsme des Alexandre, des Pompée, des César, si par votre croyance religieuse vous n'étiez pas de la race des Machabées; si votre foi et vos espérances n'étoient pas appuyées sur Jésus-

______

(1) Psal. **LXXIX.**

Christ, le rédempteur des hommes, le seul au nom duquel le prince et les sujets, les guerriers et les citoyens, les ministres et les fidèles peuvent être sauvés ; *nec est aliud nomen sub cœlo datum hominibus in quo oporteat nos salvos fieri* (1), quelles larmes utiles pour vous la Religion pourroit-elle verser aujourd'hui sur vos tombes ?

Héros que nous pleurons, ma pensée se reporte sur vos derniers momens. Je ne me demande pas si vous vous étiez attendus à mourir. Je sais que l'amour de la patrie et l'honneur militaire viennent du Créateur, qui ne prend pas en vain le nom de Dieu des armées. Les soldats dans les camps sont sous son influence, comme les enfans dans les familles sont sous l'impression des vertus filiales, comme dans les États les sujets sont sous une providence de fidélité et de subordination.

Sous cette impulsion divine originairement gravée dans le cœur de tout homme, parce que tous ont une patrie et qu'ils doivent l'aimer et la défendre, le soldat au milieu des batailles s'attend et à mourir et à survivre ; disons mieux, il ne se préoccupe ni de l'un ni de l'autre ; il ne songe qu'à se battre et à vaincre. S'il survit, il jouit de l'honneur d'avoir prodigué sa vie ; s'il succombe, l'amour de la patrie, le sentiment de l'honneur, le service de son Prince, son tribut à la victoire dont il expire martyr, sont une survivance dont il a joui.

_______________________________

(1) Act. Apost. cap. IV.

Mais je me demande si vous étiez préparés à mourir. Question extrêmement grave et profonde, non-seulement pour le militaire qui meurt dans les combats, mais aussi pour le père de famille qui expire dans les bras de ses enfans; et je ne le dissimule pas, Messieurs, car je m'explique devant vous, avec la candeur qui appartient au ministère que j'exerce; question extrêmement grave et profonde pour nous, ministres du sanctuaire, comme pour vous. Car nos saints livres nous avertissent que *même en prêchant l'Evangile aux fidèles, il est, hélas! trop possible de nous négliger et de nous égarer nous-mêmes* (1).

Mais puisqu'il s'agit aujourd'hui des guerriers que la mort a atteints dans la bataille, c'est de ceux-là que je me demande s'ils étoient préparés à mourir.

Chez un peuple où le christianisme est enraciné depuis quatorze siècles, les armées ont toujours nombre de soldats bons chrétiens dans le cœur, chrétiens dans le sein de leurs familles, chrétiens sous la tente militaire, et qui eussent été dignes de l'ancienne armée des Machabées, et de la légion Thébéenne. Il est vrai que la licence des camps, vue sous la lumière de l'éternité, est effrayante; et je trahirois ici mon ministère et le plus sacré de vos intérêts, si je vous laissois croire que la mort sur le champ de bataille, vous dispense de la préparation à bien mourir.

---

(1) 1 Ep. ad Cor. cap. ix.

Toutefois l'histoire de la grande armée des Machabées, offre des circonstances et des réflexions bien consolantes et très-lumineuses. Vous serez satisfaits de les entendre.

Elle rapporte que Judas Machabée, ayant fait enlever les morts, on trouva sous leurs tuniques des objets consacrés aux idoles, et auxquels la loi défendoit sévèrement de toucher même dans les villes livrées au pillage.

A cette vue, le vainqueur et tous ses soldats s'affligèrent d'autant plus que dans cette bataille, la puissance divine s'étoit montrée avec un tel éclat qu'une armée très-inférieure en nombre avoit suffi pour enlever d'assaut plusieurs forts, et que par un genre de succès dont l'humanité s'afflige toujours, *les eaux d'un lac immense avoient été toutes rougies du sang ennemi* (1).

Avant d'avoir connu la transgression, on n'avoit pas même songé à des sacrifices, à des prières; parce qu'on supposoit que des guerriers, enfans du peuple de Dieu, avoient fait avant la bataille les préparations commandées par la religion; et on regardoit comme certain que le même coup mortel qui effaçoit un soldat israélite du livre des vivans, devoit l'inscrire sur le livre des élus.

Une profonde tristesse, dictée par l'image des jugemens de Dieu, s'empara donc de tous les

---

(1) *Ita ut adjacens stagnum stadiorum duorum latitudinis, sanguine interfectorum fluere videretur.* Lib. II Mach. cap. XII.

esprits. Dieu lui-même présidoit à ces pensées, et en faisant renaître dans les cœurs affligés, l'espoir de l'indulgence pour leurs frères, il leur donnoit pour eux-mêmes une importante leçon. Le sentiment de la bonté de Dieu vint se lier aux appréhensions de son jugement ; ils osèrent espérer que l'amour de la patrie, que le dévouement du martyre militaire si nécessaire au repos des peuples, quelquefois même à la prospérité de la Religion, auroient trouvé grâce devant Dieu, et que lui dont la *miséricorde surpasse ses autres œuvres* (1) , dont la grâce s'introduit dans les ames par mille voies *merveilleuses et ineffables*, auroit touché les coupables de repentir avant le trépas; et qu'enfin s'ils avoient passé à l'autre vie encore chargés de la dette de l'expiation, elle seroit acquittée, elle seroit au moins affoiblie par les mérites du sacrifice des prières et des offrandes.

Ce sentiment digne de la grandeur de Dieu, digne aussi d'une ame saintement belle et grande, fut surtout le sentiment de Judas Machabée, qui, toujours l'instrument de la volonté de Dieu envers les siens et l'organe des siens auprès de Dieu, exhorta l'armée et le peuple à se conserver sans péché, en voyant devant leurs yeux ce qui étoit arrivé, et il envoya des oblations à Jérusalem, pour l'expiation des péchés de ceux qui étoient morts ; *at verò fortissimus Judas hortabatur populum conservare se sine peccato, sub oculis videntes quæ facta sunt..... Et mi-*

---

(1) Psal. CXLIV.

*sit Jerosolymam offerri pro peccatis mortuo-*
*rum sacrificium.*

C'est, Messieurs, de ce sanctuaire où la Religion a imprimé son sceau aux plus beaux
événemens du règne de l'Empereur, où le res-
taurateur de l'Eglise de France, suivi de tous les
grands corps de l'Etat, est venu lui-même en re-
lever solennellement les autels, où l'auguste chef
de la quatrième dynastie françoise a reçu de la
main de Dieu la couronne impériale pour lui et
pour sa race ; c'est de ce sanctuaire que Dieu,
pour qui il n'existe ni diversité de temps ni dis-
tance des lieux, a béni les aigles françoises au
moment où elles étoient aux prises avec les aigles
russes et allemandes, et qu'il leur a donné la supériorité du combat.

L'histoire de l'Eglise, celle de la France, celle
de l'Eglise gallicane surtout, attentives à re-
cueillir les événemens d'un siècle aussi mémo-
rable, dont les années sont elles-mêmes des siècles ; toutes les histoires apprendront de concert
aux âges futurs, le rapprochement que la Providence s'est plue à faire le deux décembre, entre
le dévouement du premier pasteur de cette métropole et de son clergé, qui s'occupoient ici de
célébrer par des actions de grâces, l'anniversaire
du couronnement de l'Empereur, et les projets
de ce prince qui, nouveau Constantin, se sentant
ce jour-là doublement invincible, doublement
revêtu de la protection d'en haut, dont il avoit
reçu le gage dans la cérémonie du sacre, *in hoc
signo vinces*, fixoit à ce même jour la bataille
décisive qui devoit enchaîner plus que jamais la

victoire, désespérer les auteurs des coalitions, et forcer la paix.

Pontife, l'objet de la vénération de l'Eglise entière, de votre clergé surtout et de votre peuple, patriarche dont on retrouve l'image dans celle du grand-prêtre Onias tracée par le prophète Jérémie. *Virum bonum et benignum, verecundum visu, modestum moribus et eloquio decorum, et qui à puero in virtutibus exercitatus sit, manus protendentem, orare pro omni populo* (1).

« Dieu, disoit Jérémie, m'a fait connoître
» Onias. J'ai aperçu dans lui un homme vrai-
» ment bon et plein d'aménité, commandant le
» respect et l'amour, ayant des mœurs douces et
» pleines d'une aimable modestie, extrêmement
» agréable dans ses discours, exercé dès l'enfance
» en toutes sortes de vertus. Je l'ai vu dans un
» moment qui ajoutoit au charme de sa per-
» sonne : il étendoit ses mains et prioit pour
» tout le peuple ».

Nouvel Onias, vous étendîtes ici vos mains, ces mains vénérables et paternelles que Dieu a remplies de bénédictions, et le ciel a signalé par la victoire d'Austerlitz, l'anniversaire de l'heureux jour où l'Empereur aimera toujours à se souvenir, que *le saint Père, ses cardinaux et le clergé de France firent des prières dans le sanctuaire de cette métropole pour la prospérité de son règne* (2).

_______________

(1) Lib. II Mach. cap. xv.
(2) Lettre de l'Empereur, à S. E. Mgr. le Cardinal Archevêque de Paris.

Dieu de la victoire, l'hommage des succès de la grande journée d'Austerlitz vous étoit plus particulièrement dû. Vous inspirâtes au vainqueur de vous l'offrir, et c'est dans ce temple que vous attendiez l'offrande des drapeaux qui en sont le symbole.

Métropole de Paris, le François viendra dans vos murs, nourrir sa piété de la pensée des événemens par où Dieu a signalé sa protection sur le Monarque et sur la France. L'étranger y contemplera les aigles ennemies humiliées par la toute-puissance, sous nos aigles impériales. Les guerriers viendront devant ces drapeaux retremper leur courage; et dans toutes les grandes époques nationales, dans celles surtout qui intéresseront l'auguste personne du Monarque ou les Princes de son sang, les Ministres du sanctuaire pleins de fidélité, de dévouement et de reconnoissance, viendront dans votre enceinte appeler de nouveau les regards du Seigneur sur ces mêmes drapeaux, et le faire souvenir de ses faveurs dont ils sont le gage.

Drapeaux d'Austerlitz, monument de la Providence divine qui a préparé, qui a réglé, qui continue d'accomplir les destinées de Napoléon; monument de la toute-puissance de Dieu, qui à travers les convulsions de la France et la coalition des étrangers, a élevé ce Monarque au-dessus de toutes les factions, au-dessus de toutes les armées, au-dessus de toute l'histoire; monument aussi de la piété de ce Prince reconnoissant, qui, en s'avouant à lui-même, comme David, les prodiges qui remplissent sa carrière, publie en même temps par ses actes de religion, que c'est Dieu qui en est l'auteur, *tam-quam prodigium factus sum multis, et tu ad-jutor fortis* (1). Drapeaux d'Austerlitz, ne serez-vous pas une oriflamme moderne que les Empereurs françois, quand ils seront forcés à faire la guerre, viendront prendre dans ce temple; qu'ils feront porter à la tête des armées pour avertir les puissances ennemies, celles surtout qui se coaliseroient encore, de ce qu'elles ont à craindre du Dieu protecteur de Napoléon, qui à Austerlitz a mis en fuite deux Empereurs, détruit leurs armées, et forcé tous les confédérés à rentrer dans leurs limites; *Reges terræ convenerunt in unum. Ipsi videntes admirati sunt, conturbati sunt, commoti sunt, tremor apprehendit eos* (2).

Trophées de la victoire, en ce moment trophées de la douleur et d'une religieuse fraternité, vous appelez notre recueillement sur le sacrifice des vivans et des morts, sur Jésus-Christ, victime de réconciliation et de pardon pour les pécheurs qui respirent encore; victime d'expiation et d'indulgence pour les hommes de bien qui sont entrés dans la vie future, redevables encore à la justice divine.

Auguste représentant du saint Siége, pontife successeur de S. Ambroise et de S. Charles Borromée dont vous faites renaître les heureux souvenirs dans l'illustre Eglise de Milan; Ange de paix qui, au nom de Jésus-Christ et de son vicaire, avez prononcé au milieu de l'Eglise gal-

_______________

(1) Psal. LXX.
(2) Psal. XLVII.

licane, ces paroles évangéliques, *pax vobis; paix à cette église et à tous les fidèles qui la composent*, vous éleverez vers le ciel vos mains dépositaires de tous les dons célestes que Dieu a laissés à la sagesse du successeur de Pierre, et que celui-ci vous a transmis, et vous ferez descendre sur nos frères la plénitude du pardon.

Et vous, ô mon Dieu, source de miséricorde et de bénédictions, toujours inépuisable, toujours prodigue pour la France, vous exaucerez tant de vœux. Vous ferez éprouver aujourd'hui votre surabondance aux morts pour qui nous vous invoquons. Vous multiplierez tous les jours vos dons sur le Monarque, sur ses guerriers, sur son peuple; et après tant de gloire sur cette terre où tout passe comme l'ombre, vous leur en préparez une autre plus durable dans l'éternité. Ainsi soit-il.

Après la Messe, Son Eminence Monseigneur le Cardinal-Légat a fait l'absoute.

# FIN.